Títulos relacionados

COMUNICACIÓN ORAL Y ESCRITA EN LA EMPRESA

ÓSCAR SÁNCHEZ ESTELLA, RICARDO HERRERO DOMINGO Y Mª ÁNGELES HORTIGÜELA

ISBN: 978-84-283-2767-1

ATENCIÓN AL CLIENTE EN EL PROCESO COMERCIAL

SOLEDAD CARRASCO FERNÁNDEZ

ISBN: 978-84-283-3357-3

OPERACIONES AUXILIARES CON TECNOLOGÍAS DE LA INFORMACIÓN Y LA COMUNICACIÓN

RODIL JIMÉNEZ Y CAMINO PARDO DE VEGA

ISBN: 978-84-283-3274-3

Comunicación en las relaciones profesionales

Óscar Sánchez Estella, Ricardo Herrero Domingo
y Mª Ángeles Hortigüela Valdeande

Paraninfo

Autores: Óscar Sánchez Estella, Ricardo Herrero Domingo y Mª Ángeles Hortigüela Valdeande
Coordinador: Óscar Sánchez Estella
Diseño y maquetación: Ediciones Nobel, S. A.

ISBN: 978-84-283-2766-4
Depósito legal: M-6789-2013
Impresión: Cimapress

Impreso en España

Óscar Sanchez Estella (coordinador)

Es un profesional del sector administrativo-comercial con una dilatada trayectoria tanto como profesor asociado en la Universidad de Zaragoza como profesor técnico de Formación Profesional en diversos institutos de Educación Secundaria, en las materias de Procesos de gestión administrativa y Procesos comerciales.

Ha impartido numerosos seminarios y cursillos enfocados fundamentalmente a la formación en sistemas de gestión de calidad y nuevas tecnologías.

Ha publicado en coautoría y como coordinador numerosos títulos destacados como *Operaciones auxiliares de montaje y mantenimiento de sistemas microinformáticos* o *Gestión contable,* entre otros.

Ricardo Herrero Domingo

Es un profesional del sector administrativo-comercial con una amplia experiencia impartiendo clases como profesor de Formación Profesional de Administración y Gestión, y como profesor numerario de Tecnología administrativa.

Ha sido el coordinador del proyecto de innovación e investigación educativa: Integración de Metodología SEFED de simulación de empresas en el Proyecto curricular de la Familia Profesional de Administración y Gestión.

Ha publicado en coautoría varios títulos de esta materia: *PCPI. Técnicas administrativas básicas de oficina, PCPI. Reproducción y archivo* y *PCPI. Operaciones básicas de comunicación.*

Mª Ángeles Hortigüela Valdeande

Es una profesional del sector administrativo-comercial con una dilatada trayectoria profesional. Técnica especialista administrativa, desarrolla su trabajo como profesora técnica de Formación Profesional en diversos institutos de Educación Secundaria, en las materias de Procesos de gestión administrativa y Procesos comerciales.

Ha impartido numerosos seminarios y cursillos enfocados fundamentalmente a la formación en sistemas de gestión de calidad y nuevas tecnologías.

Ha publicado en coautoría algunos títulos destacados como *Operaciones básicas de comunicación* o *Análisis y gestión de los instrumentos de cobro y pago,* entre otros.

Índice

Introducción normativa

La Ley Orgánica 5/2002, de 19 de junio, de las Cualificaciones y de la Formación Profesional fue el primer texto legislativo que reguló de forma exclusiva las enseñanzas profesionales en España. Una de sus novedades consistió en relacionar directamente la formación con el empleo, permitiendo las convalidaciones y equivalencias entre la Formación Profesional del sistema educativo, la Formación Profesional para el empleo, y experiencia laboral. Para poder desarrollar estas medidas se creó el Sistema Nacional de Cualificaciones Profesionales y dos instrumentos básicos: el Catálogo Nacional de Cualificaciones Profesionales y el Catálogo Modular de Formación Profesional.

Las Cualificaciones Profesionales responden a la iniciativa que impulsa el Marco Europeo de las Cualificaciones (EQF), para facilitar un espacio abierto de aprendizaje y de empleo, así como la adecuación entre oferta y demanda no solo a nivel estatal, sino entre los distintos países.

El Catálogo Nacional de Cualificaciones Profesionales ordena las cualificaciones profesionales, incluyendo el contenido de la formación profesional asociada a cada cualificación, de acuerdo con una estructura de módulos formativos articulados en un Catálogo Modular de Formación Profesional. Entre sus principales objetivos tiene el posibilitar la integración de las ofertas de formación profesional, adecuándolas a las características y demandas del sistema productivo.

Para conseguirlo, este Catálogo, además de identificar y definir las cualificaciones profesionales que requiere el sistema productivo, establece los contenidos formativos básicos que resultan necesarios para que las ofertas formativas garanticen la adquisición de las competencias profesionales apropiadas para el desempeño profesional.

Las Cualificaciones Profesionales se acreditan mediante "Títulos" de Formación Profesional del sistema educativo, y Certificados de Profesionalidad de Formación para el Empleo. Ambas acreditaciones tienen carácter oficial y son válidas en todo el Estado.

Los contenidos asociados a las cualificaciones profesionales constituyen el Catálogo Modular de Formación Profesional, que se estructura en módulos formativos.

Mediante la superación de los módulos formativos, diseñados en itinerarios específicos para cada Cualificación Profesional, se puede obtener el Certificado de Profesionalidad correspondiente. Además, se posibilita la convalidación de determinados módulos profesionales incluidos en los títulos de Formación Profesional del sistema educativo, asociados a Unidades de Competencia comunes.

El Certificado de Profesionalidad es, por tanto, el instrumento de acreditación, en el ámbito de la Administración laboral, de las cualificaciones profesionales incluidas en el Catálogo Nacional de Cualificaciones Profesionales, adquiridas a través de procesos formativos o mediante procedimientos de reconocimiento de competencias profesionales adquiridas por experiencia laboral o vías no formales de formación, regulados por el Real Decreto 1224/2009, de 17 de julio.

ESTRUCTURA DE UNA CUALIFICACIÓN

DATOS DE IDENTIFICACIÓN
Denominación
Nivel
Competencia general
Entorno profesional

UNIDADES DE COMPETENCIA		FORMACIÓN ASOCIADA
Unidad de competencia 1	⟷	Módulo formativo 1
Unidad de competencia 2	⟷	Módulo formativo 2
Unidad de competencia N	⟷	Módulo formativo N

Las cualificaciones profesionales se estructuran en unidades de competencia, que se definen como agrupaciones de tareas productivas específicas que debe realizar el profesional. Las diferentes unidades de competencia de un certificado de profesionalidad conforman la Competencia General, definiendo el conjunto de conocimientos y capacidades que permiten el ejercicio de una actividad profesional determinada.

Cada unidad de competencia lleva asociado un módulo formativo, donde se describe la formación necesaria para adquirir esa unidad de competencia, pudiendo dividirse en unidades formativas.

El módulo formativo es el bloque coherente de formación asociado a cada una de las unidades de competencia que configuran la cualificación. Cada módulo formativo tiene un formato normalizado que incluye los datos de identificación y las especificaciones de la formación que se incluyen en las ofertas formativas conducentes a la obtención de los certificados de profesionalidad.

DATOS DE IDENTIFICACIÓN:

— Denominaclón.
— Nivel de cualificación al que se vincula.
— Unidad de competencia a la que está asociado.
— Código alfanumérico y duración en horas.

ESPECIFICACIONES DE LA FORMACIÓN:

— Capacidades: expresión de los resultados esperados de las personas en situación de aprendizaje al finalizar el Módulo Formativo.

— Criterios de evaluación: conjunto de precisiones para cada capacidad que indican el grado de concreción aceptable de la misma. Delimitan el alcance y nivel de la capacidad y el contexto en el que va a ser evaluada.

— Contenidos formativos necesarios para adquirir las competencias a las que se asocia. Requisitos básicos del contexto formativo: espacios e instalaciones y perfil profesional del formador. Estos requisitos tienen carácter orientador para la normativa básica reguladora de las ofertas formativas.

El presente libro desarrolla la Unidad Formativa Comunicación en las relaciones profesionales, UF 0520, está asociado a la unidad de competencia UC 0970_1 perteneciente a la cualificación profesional de referencia ADG305_1, de nivel 1, incluida en el certificado de profesionalidad Operaciones auxiliares de servicios administrativos y generales de la familia profesional Administración y Gestión.

Según el RD 645/2011 de 9 de mayo, los contenidos que en esta obra se recogen se corresponden con una duración de 50 horas.

Tanto la estructura como el desarrollo del libro se ajustan al citado RD y más concretamente a los contenidos de la Unidad Formativa que le da título, "Comunicación en las relaciones profesionales".

1. Procesos y técnicas de comunicación en situaciones profesionales de recepción y transmisión de información

Introducción

Tanto los animales como los seres humanos se comunican utilizando el lenguaje. Ahora bien, mientras que los animales utilizan una comunicación no verbal (gruñidos, gritos, cantos, movimientos, colores, olores...), los seres humanos somos capaces de utilizar tanto la comunicación no verbal como la verbal.

Contenido

1.1. La comunicación como proceso

1.1.1. Función y elementos

Los seres humanos nos comunicamos para transmitir a los demás nuestros deseos, ideas o sentimientos, y esta es pues la función de la comunicación, **transmitir información**.

Para que exista comunicación son necesarios los siguientes elementos:

1. **Emisor**. Se trata de la persona, animal o aparato del que parte la información.
2. **Mensaje**. El mensaje consiste en la información que pretende dar el emisor.
3. **Receptor**. Persona o animal que recibe el mensaje dado por el emisor.
4. **Código**. Serie de signos, símbolos, sonidos o señales conocidos por el emisor y el receptor. Para que la comunicación exista, emisor y receptor han de conocer el código utilizado para elaborar el mensaje.
5. **Soporte** o **Canal**. Vía por la que circula el mensaje, pudiendo ser las ondas acústicas, el documento que contiene la escritura, etc.
6. **Contexto**. Situación o circunstancias en las que se produce la comunicación. Del contexto depende la interpretación del mensaje y de él puede depender que un mismo mensaje se entienda de distintas formas.

Ejemplos

A continuación se muestran unos ejemplos en los que se puede comprobar cómo intervienen los elementos de la comunicación que acabamos de describir:

- Juan dice a Raquel: "*He terminado la tarea que me encomendaron*".
  - Emisor: Juan (de quien parte el mensaje).
  - Receptor: Raquel (quien recibe el mensaje).
  - Código: Lenguaje oral (idioma conocido por ambos).
  - Mensaje: "*He terminado la tarea que me encomendaron*" (lo que se comunica).
  - Soporte: El aire que transmite la voz de Juan.
  - Contexto: Situación que sucede en el momento en que se lo dice.

  Si este mensaje hubiese sido transmitido por teléfono, todos los elementos comunicativos serían iguales, excepto el soporte, que en este caso sería el hilo telefónico.

Si el mensaje se hubiese transmitido por escrito, el soporte habría sido el documento empleado para tal fin (carta o nota).

- Juan circula por la carretera en su automóvil. De repente escucha la sirena de una ambulancia, por lo que se aparta, dejándole paso.
  - Emisor: La ambulancia.
  - Receptor: Juan.
  - Código: Sonido de la sirena.
  - Mensaje: Dejar vía libre.
  - Soporte: El aire que transmite el sonido.
  - Contexto: Situación de emergencia.

  Podemos observar que el emisor de un mensaje puede ser, además de una persona, una máquina. Además, en este ejemplo vemos cómo hay códigos que nos sirven para comunicarnos, diferentes al lenguaje oral o escrito, en este caso, el sonido de la sirena.

- Un perro ladra de forma amenazante a Juan.
  - Emisor: El perro.
  - Receptor: Juan.
  - Código: Ladridos.
  - Mensaje: Amenaza del animal.
  - Soporte: El aire que transmite los ladridos.
  - Contexto: Situación de amenaza.

1.1.2. Diferencia entre información y comunicación

Antes de establecer la diferencia entre estos dos conceptos, tendríamos que preguntarnos: ¿Qué se entiende por **información** y por **comunicación**?

Pues bien, si acudimos al Diccionario de la Real Academia Española la definición que establece de estos conceptos es:

Comunicación: Acción y efecto de comunicar o comunicarse. Transmisión de señales mediante un código común al emisor y al receptor.

Información: Acción y efecto de informar. Comunicación o adquisición de conocimientos que permiten ampliar o precisar los que se poseen sobre una materia determinada.

A la vista de estas definiciones, podemos decir que la diferencia fundamental entre información y comunicación reside en la **respuesta del interlocutor** (feedback); mientras que la información no precisa feedback, la comunicación para poder seguir estableciéndose, sí.

De manera gráfica se podría representar así:

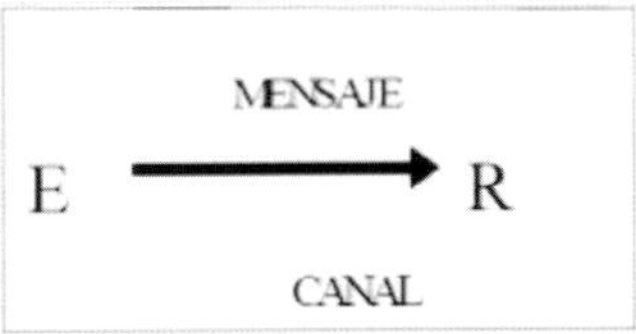

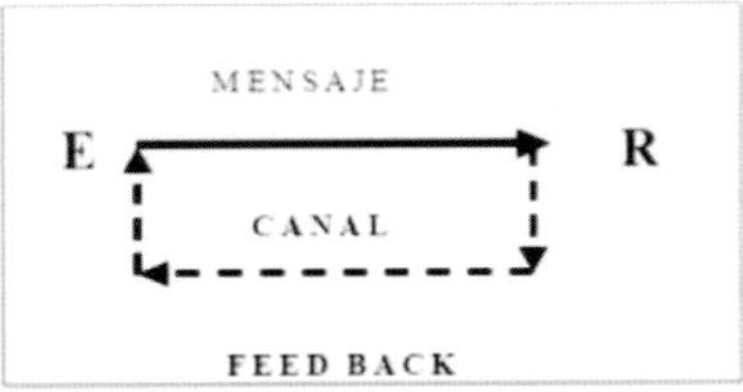

Figura 1.1. Representación gráfica de la información y de la comunicación.

1.1.3. Fases de la comunicación

El proceso de comunicación se da de acuerdo con las siguientes fases:

- **Fase de emisión**. Es la primera fase de toda comunicación, en la que el emisor, utilizando un lenguaje conocido por él y el receptor, dice algo.
- **Fase de recepción**. En esta fase, la comunicación llega a los órganos sensoriales del receptor (vista, oído...). Hay que tener en cuenta que en función de la motivación que tenga el receptor, el mensaje se percibirá mejor o peor.
- **Fase de interpretación**. El receptor, de manera subconsciente, se pregunta cuál es el significado que debe darle al mensaje que ha recibido del emisor, siendo este significado totalmente personal.
- **Fase de reacción o respuesta**. En función de la interpretación que el receptor realice del mensaje, este reaccionará de una forma u otra.

1.1.4. Lenguajes utilizados para comunicaciones

Dos son los lenguajes utilizados en las comunicaciones de las organizaciones: el **lenguaje oral** (formado por sonidos) y el **lenguaje escrito** (formado por letras).

Lenguaje oral

Las características fundamentales del lenguaje oral son las siguientes:

- **Expresividad**. La expresión oral es espontánea y natural y está llena de matices afectivos que dependen del tono que empleamos y de los gestos; por este motivo, tiene gran capacidad expresiva.

- **Vocabulario**. Se utiliza un vocabulario sencillo y limitado y normalmente está lleno de incorrecciones como frases hechas (muletillas) y repeticiones: o sea, entonces, no...

A la hora de utilizar el lenguaje oral hay que llevar a la práctica las siguientes recomendaciones:

- Hablar despacio y con un tono normal.
- Vocalizar bien.
- Evitar muletillas.
- Llamar a las cosas por su nombre evitando abusar de las palabras "cosa", "cacharro", "chisme"...
- Evitar palabras como "tío", "guay", "chachi"...
- Utilizar los gestos correctos sin exagerar.

Lenguaje escrito

Las características fundamentales del lenguaje escrito son las siguientes:

- **Expresividad**. Es menos expresivo y espontáneo y carece de gestos; por eso es más difícil expresar lo que queremos.
- **Vocabulario**. Se puede usar un vocabulario más extenso y apropiado ya que da tiempo a pensar más y se puede corregir si nos equivocamos.

A la hora de utilizar el lenguaje escrito hay que llevar a la práctica las siguientes recomendaciones:

- Leer mucho.
- Cuidar la ortografía; un texto con faltas es algo bochornoso.
- Leer lo que has escrito y pon cuidado en que los puntos coincidan con el final de las oraciones. Si lo que se lee no tiene sentido hay que corregirlo.
- Consultar el diccionario para usar las palabras correctas.
- No repetir palabras como "entonces", "pero", "y"...

1.1.5. Clases de comunicación: auditivas, visuales y táctiles

Ya se ha explicado anteriormente que uno de los elementos necesarios para que exista comunicación es el **soporte** o **canal**. En función del canal utilizado para llevar a cabo la comunicación, esta puede ser:

- **Auditiva**. Es la que utiliza la palabra hablada.
- **Visual**. Se produce por medio de mensajes captados por la vista.
- **Táctil**. Es la realizada a través del contacto de la piel.

Hay que tener siempre en cuenta que estos tres tipos de comunicación **no deben separarse**, ya que en el mismo proceso de comunicación pueden intervenir mezclados.

1.1.6. Selección y organización del contenido de mensajes

A la hora de recibir información, nuestra mente es selectiva, es decir, solo retiene aquella que es útil y le resulta interesante.

En la comunicación, la selección y organización del contenido de los mensajes se considera una etapa en la que, de forma simultánea, se producen otras acciones estratégicas diferentes.

La **idea central** es la expresión más importante del mensaje que se recibe. Si esta idea no es precisada, no se pueden desarrollar ideas principales que servirán para elaborar una respuesta.

Estas ideas deben cumplir dos requisitos:

- Deben estar correctamente **estructuradas**, teniendo en cuenta la secuencia en la que se producen.
- Deben estar **coordinadas**, para que el mensaje que se transmite sea claro.

De todas formas, hay que tener en cuenta que tan importante como estructurar las ideas es la **secuenciación** de las mismas. Organizar las ideas es importante para llevar un orden y un seguimiento. Esta organización se puede realizar por tiempo, espacio, problemas y solución, causa y efecto, o cualquier otra temática.

Para finalizar, una vez estructurado y secuenciado el mensaje, teniendo clara la información que se ha recibido, se presentará una contestación partiendo de la organización de ideas que se haya realizado previamente.

1.2. Técnicas de comunicación efectiva

Hoy en día la sociedad valora muchísimo a aquellas personas socialmente efectivas. Cuanto más eficaces seamos en el trabajo, en la pareja, en la familia, en nuestro grupo de amigos, con nuestros vecinos, mejor.

Por eso, cobra una especial importancia aprender aquellas pautas de comportamiento que nos faciliten desenvolvernos satisfactoriamente en estas situaciones. A estas pautas de comportamiento se les llama **habilidades sociales**.

Podemos definir las habilidades sociales como un conjunto de hábitos (a nivel de conductas, pero también de pensamientos y emociones), que nos permiten mejorar nuestras relaciones interpersonales, sentirnos bien, obtener lo que queremos, y conseguir que los demás no nos impidan lograr nuestros objetivos.

También se pueden definir como "***la capacidad de relacionarnos con los demás de modo que consigamos un máximo de beneficios y un mínimo de consecuencias negativas; tanto a corto como a largo plazo***".

Es importante saber utilizar las habilidades sociales y decidir cuándo, dónde y cómo hay que utilizarlas.

Existen muchos y diferentes tipos de habilidades sociales. Por ejemplo, hay habilidades muy simples, como **hacer un elogio** a alguien cuando te gusta algo de esa persona; pero también hay habilidades más complejas, como **la asertividad**, **la empatía** o **la escucha activa**, que desarrollaremos en los siguientes apartados.

Si nos centramos en el mundo de las organizaciones, cuatro son las habilidades sociales más valoradas:

- La **capacidad de comunicación**, en la que se incluye convencer, escuchar, persuadir, exponer las ideas de forma clara o formular las preguntas adecuadas en cada caso para conseguir toda la información que se necesita para conocer o resolver un asunto.
- La **flexibilidad** se sitúa en el segundo puesto y ha ido ganando posiciones durante los últimos años, debido al creciente clima de incertidumbre económica en el que nos movemos. Así, el trabajador tiene que tener una mente abierta y adaptarse a cualquier cambio y situación complicada que se pueda producir en la empresa.
- La **empatía** es la tercera. Consiste en ponerse en el lugar del otro y responder de forma correcta a sus necesidades emocionales. Al entender las motivaciones de los demás, uno se puede adaptar mejor a sus intereses.
- La **capacidad de trabajar en equipo** es la última. Las empresas exitosas son la suma de varios grupos de personas que cooperan y colaboran juntas solventando, cada una desde su parcela de conocimiento, cualquier tipo de problemas que se les puedan plantear.

1.2.1. Factores que influyen en los comportamientos y señales de escucha

Escuchar constituye un elemento crucial en el proceso de comunicación con el que se reafirma no solo el entendimiento y la correcta interpretación de los contenidos del mensaje, sino también el **apoyo** que el emisor recibe del receptor mientras se expresa. Pero escuchar no es nada fácil.

Muchas veces necesitamos ser escuchados; necesitamos hablar con alguien para desahogarnos. Lo primero que hay que hacer para escuchar es **estar callado**, algo que muy poca gente resiste. Siempre es más interesante hablar y comunicar al otro lo que pensamos. Pero para informamos bien de lo que nuestro interlocutor quiere decimos hay que dejarle hablar.

Además de oír, también hay que concentrarse en el interlocutor, es decir, hacerle ver que estamos interesados en lo que dice. Dirigir nuestro cuerpo hacia él y mirarle a los ojos es decisivo.

El discurso que recibimos de nuestro interlocutor puede ser amplio y complejo. Así que lo primero que debemos preguntarnos es qué está intentando decirnos. Es frecuente que el comienzo de una conversación no tenga nada que ver con su finalidad: se suele empezar hablando de cosas intranscendentes, a modo de precalentamiento; en este preludio, el interlocutor explora nuestra disposición a escucharle mientras medita bien lo que nos quiere decir realmente; prepara, en definitiva, un ambiente de intimidad que garantice la comunicación que él desea. Si nos mostramos fríos, distantes o sin interés por su persona o su problema, entonces se retirará a tiempo sin necesidad de haber expuesto su problema.

Es imprescindible respetar este precalentamiento: no hay que precipitar los acontecimientos. Si prevemos que no disponemos del tiempo suficiente para atenderle, es mejor emplazarle para otro momento. Es muy importante que la proposición de hablar en otro momento se haga sin dar la sensación de querer "quitarse el rollo de encima".

Una vez encontremos el momento adecuado, seguiremos valorando a nuestro interlocutor. Este puede sentirse más o menos afectado por lo que dice. Valoraremos el nivel de importancia que él le da intentando comprender cómo se siente esa persona en ese momento.

Un aspecto que puede condicionar la escucha es el concepto que elaboremos a priori del interlocutor. Hay una tendencia inconsciente a tratar con simpatía a quienes nos agradan físicamente, y con más frialdad a quienes nos desagradan. Esto puede distorsionar la objetividad de la valoración de lo que estamos escuchando de esa persona. De la misma manera, evitaremos extraer conclusiones precipitadas sobre ella, es decir, no debemos prejuzgarlas. **Todo prejuicio implica un error por falta de conocimiento.**

Aunque es probable que después de escuchar a una persona, esta nos pida nuestra opinión, tanto si nos la pide como si no, haremos un esfuerzo por preservar la objetividad en el sentido de que no debemos aplicar nuestra escala de valores como la única válida para enjuiciar su mensaje. **Que algo nos parezca objetivamente bien o mal no quiere decir que realmente lo esté.**

Un detalle muy sutil que no debemos dejar escapar cuando escuchemos a alguien es observar si está ocultando algo. Hay veces que al interlocutor no le resulta fácil decidirse a hablar de lo que realmente le preocupa, y se dedica a hacer circunloquios o a proferir argumentos que nada tienen que ver con la intencionalidad de la conversación. Por tanto, también debemos preguntamos si está evitando hablar de ciertos sentimientos o problemas que no se atreve a abordar.

1.2.2. Barreras y dificultades

Una barrera en la comunicación es todo **obstáculo** o dificultad que surge en el proceso de comunicación y que impide que el mensaje sea correctamente interpretado por el receptor.

Las barreras o dificultades en la comunicación suelen ser habitualmente de tres tipos:

- **Barreras ambientales.** Hablamos de este tipo de barreras cuando el tipo de barrera para la comunicación proviene del ambiente; son por tanto barreras de tipo impersonal. Pueden ser tanto físicas, como los ruidos, como visuales, como una incomodidad física que impida que el mensaje se transmita adecuadamente.
- **Barreras verbales.** Provienen de los emisores o de los receptores del mensaje. Puede ser simplemente que el emisor emita muy rápidamente el mensaje. Otra de las barreras verbales más habituales consiste en que el emisor y el receptor no comparten el mismo código, esto es, el idioma en el cual se emite el mensaje con lo cual la comunicación se torna imposible. Otra de estas barreras consiste en la falta de conocimiento que el receptor tiene del tema sobre el que versa la comunicación.
- **Barreras interpersonales.** Cada una de las personas que recibe un mensaje realiza una adscripción de significado de lo que se encuentra oyendo y esto depende mucho de la posición subjetiva del oyente sobre el mensaje. La diferente interpretación del mensaje también tiene mucho que ver con el

bagaje cultural o profesional del receptor ya que si, por ejemplo, el receptor conoce la materia del mensaje, tendrá mayor comprensión de lo que se está hablando.

Aunque las tres barreras son importantes, las ambientales son más obvias y por tanto más fáciles de evitar. Sin embargo, las verbales y las interpersonales muchas veces son ignoradas, por lo que son mayor obstáculo para la comunicación.

1.2.3. Soluciones

Evidentemente, uno de los principales medios para salvar las barreras y dificultades y, por tanto, mejorar la comunicación, es ser conscientes de las **barreras** que existen en este proceso, y así hacer un esfuerzo para **evitarlas**.

Algunas de las acciones que podemos emprender para solucionar estas dificultades son:

- Siendo precisos en nuestra exposición.
- Comprobando si hemos comprendido bien y si han entendido lo que queríamos transmitir (feed-back).
- Reiterando la información cuando tengamos dudas.
- Estando muy atentos a la comunicación no verbal.
- Etc.

1.2.4. Comunicaciones eficaces: feed-back, escucha empática y activa

Feed-back

Tal y como hemos explicado anteriormente, cuando se establece una comunicación entre emisor y receptor, sino existe el feed-back está incompleta la comunicación.

El feed-back es un término anglosajón que se traduce al español como "***Retroalimentación***", es decir, es aquella información de vuelta que nos llega del receptor y que nos ayuda a comprender si este ha entendido el mensaje correctamente.

Escucha empática

La empatía es la capacidad de entender los pensamientos y emociones ajenas, de **ponerse en el lugar de los demás y compartir sus sentimientos**.

No es necesario pasar por las mismas vivencias y experiencias para entender mejor a los que nos rodean, sino ser capaces de captar los mensajes verbales y no verbales que la otra persona nos quiere transmitir, y hacer que se sienta comprendida de manera única y especial.

Ser empáticos no significa estar de acuerdo con el otro, ni tampoco implica dejar de lado nuestras propias decisiones para asumir como nuestras las de los otros. Podemos estar en completo desacuerdo con alguien, pero **debemos tratar de respetar su posición, debemos aceptar como validas sus propias creencias y motivaciones**.

La empatía se da en todas las personas en mayor o menor grado. No se trata de un don especial con el que nacemos, sino de una cualidad que podemos **desarrollar y potenciar**.

La capacidad para la empatía empieza a desarrollarse en la infancia, realizándose más fácilmente en aquellas personas que han vivido en un ambiente en el que han sido aceptadas y comprendidas, han recibido consuelo cuando lloraban y tenían miedo, han visto como se vivía la preocupación por los demás...

Podemos decir que una persona es **empática** cuando:

— Se ajusta a las situaciones.

— Sabe escuchar, pero mejor aún, sabe cuando hablar.

— Influencia y regula las emociones del otro.

— Escucha con atención y está dispuesta a discutir los problemas.

— Es abierta y flexible a las ideas.

— Apoya y ayuda.

— Es solidaria.

— Recuerda los problemas y les da solución.

— Propicia el trabajo en equipo.

— Alienta la participación y la cooperación.

— Orienta y enseña.

— No se impone a la fuerza.

— Confía en el grupo y en los individuos.

— Estimula las decisiones de grupo.

— Se comunica abiertamente.

— Demuestra capacidad de autocrítica.

Escucha activa

Escuchar con atención es uno de los comportamientos más valorados en la comunicación oral. Al prestar atención transmitimos a nuestro interlocutor la idea de que el mensaje que nos trata de transmitir lo estamos recibiendo, y de que somos capaces de interpretar y comprender lo que esta persona nos comunica.

Pero, ¿qué se entiende por escuchar? En la siguiente imagen lo clarificamos.

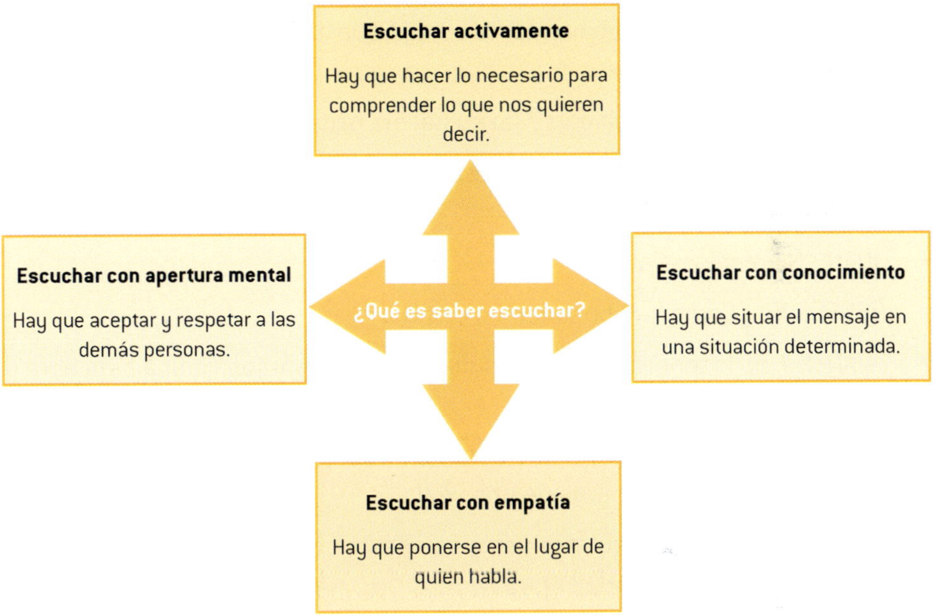

Figura 1.2. ¿Qué es escuchar?

Los **resultados** que se consiguen al escuchar activamente son.

— Estimular y continuar la comunicación.

— Promover que el interlocutor se sienta a gusto.

— Convertirse en una persona significativa.

— Llegar al fondo de los problemas.

— Es la estrategia natural del individuo asertivo; este es capaz de defender sus derechos y luchar por ellos, pero también es empático. Por eso, buscará alguna solución que suponga un provecho para todos los implicados.

Ejemplo

Un grupo de profesores están reunidos en el local destinado para la Asociación de Alumnos y necesitan un tiempo extra para hablar entre ellos. Un joven llama a la puerta, acompañado de dos amigos, a la hora convenida para la entrada en el local.

Uno de los profesores abre y les informa que están trabajando y que en este momento no pueden entrar. La secuencia exacta es la siguiente:

- PROFESOR: ¡Hola Juan! ¿Quieres algo?
- JUAN: Pasar. Ya es hora de que nos dejéis entrar.
- PROFESOR: Estamos trabajando. Ya os dije que ahora no podía ser, que hoy teníamos trabajo.
- JUAN: Pero, ¿en qué trabajáis? ¡Si no hacéis nada! Venga, dejadnos...
- PROFESOR: (Sintiéndose poco valorado y molesto ante la situación) Ahora no. Ven más tarde. ¡Qué pesado!
- JUAN: ¡No tenéis palabra!
- PROFESOR: ¿Cómo que no tenemos palabra?
- JUAN: No, no la tenéis. Nos habíais dicho que podríamos venir a esta hora y ahora nos cerráis la puerta.
- PROFESOR: Que te he dicho que estamos trabajando, ¿o es que no lo ves? ¡Jo, qué pesado! ¡Marcharos de una vez!
- JUAN: (Dirigiéndose a sus amigos y con gestos de fastidio) ¡Vámonos amigos, que aquí no se puede estar!

A la vista de este diálogo:

1. ¿Crees que es un comportamiento social efectivo el que se ha producido?
2. ¿Qué obstáculos has percibido?

SOLUCIÓN:

1. No, no es un comportamiento social efectivo porque ni la actuación del profesor ni la de los alumnos ha sido la correcta.
2. Algunos obstáculos son:
    - El profesor ha utilizado expresiones incorrectas como: "¡Qué pesado!" o "¡Marcharos de una vez!".
    - No se ha empatizado con la incomodidad de los alumnos.
    - Se ha respondido a la provocación lanzada por los alumnos.

1.3. La comunicación y la empresa

A nivel interno una buena comunicación contribuye a mejorar la motivación de las personas que trabajan en la organización, ayudando a crear el clima laboral óptimo para adoptar decisiones correctas. A nivel externo ayuda a transmitir una imagen corporativa diferenciada de la competencia. Por todo ello, la comunicación es considerada un recurso más que hay que gestionar adecuadamente, y por este motivo, algunas grandes empresas cuentan con departamentos de comunicación específicos.

1.3.1. Principios de la comunicación

Para conseguir una buena comunicación en la empresa se deben tener en cuenta los siguientes principios básicos:

— **Lo válido en una comunicación no es lo que dice el emisor, sino lo que entiende el receptor.**

Si las personas que se comunican interpretan de distinta forma el contexto en el que se produce la comunicación, sus comunicaciones no resultan funcionales. Por eso, si el emisor quiere ser efectivo, debe tener en cuenta las posibles interpretaciones a que puede dar lugar el mensaje que desea transmitir, según los distintos contextos.

— **Tan importante como lo que se dice es cómo se dice.**

Está demostrado que, de lo que se comunica de forma oral, solo el 7% del mensaje es verbal, el 38% viene de la entonación, y el 55% proviene de los signos faciales. Por tanto, hay que tratar de ser congruente entre lo que se dice y cómo se dice. Una entonación o una expresión facial puede facilitar o distorsionar la interpretación o impacto que se desea lograr con un mensaje.

— **La información transmitida debe ser oportuna.**

La información debe transmitirse en el momento en que proporcione un beneficio para la organización. No solo es importante lo que se dice y cómo se dice sin en qué momento se dice.

— **Debe evitarse la sobrecarga informativa.**

Cuando los empleados reciben demasiada información tienden a establecer un sistema selectivo de la recepción informativa que hace que algunos mensajes importantes se olviden o no se tomen en consideración.

— **La percepción de un mensaje es siempre subjetiva.**

Cada persona interpreta los mensajes de acuerdo con su cultura, valores y su predisposición a la recepción de la comunicación en ese momento.

— **La idea preconcebida sobre alguien condiciona la comunicación.**

La efectividad de la comunicación depende de los posibles prejuicios que se tengan del receptor de la comunicación.

— **Los mensajes a medida que se transmiten por las redes de la organización tienden a perder detalles.**

Cuanto más larga es una red de comunicación más detalles se pierden del mensaje original.

1.3.2. Formas de comunicación en la empresa: interna y externa

La comunicación **interna** es la que se produce dentro de la empresa entre las personas que integran la organización, ya sean empleados o directivos. Cuando es eficaz favorece el trabajo en equipo contribuyendo al logro de los objetivos estratégicos de la empresa.

La **externa** es la que se da con el exterior formada por el conjunto de mensajes emitidos por la empresa hacia sus diferentes públicos externos (clientes, proveedores, administraciones, competidores...) y resulta tan vital para la empresa como la comunicación interna, debiendo existir entre ellas una alta integración. Así por ejemplo, cuando los empleados se comunican de forma eficaz, mejoran sus relaciones laborales y transmiten una imagen positiva hacia fuera.

1.3.3. Comunicaciones internas: formales e informales, verticales, horizontales y transversales

La comunicación interna de la empresa puede ser formal e informal:

- La **formal** es la establecida por la organización haciendo uso de las redes prescritas de comunicación de la entidad.
- La **informal** es la que surge espontáneamente cuando, por ejemplo, dos miembros de la organización toman café juntos.

La comunicación **vertical** se puede dar de forma descendente o ascendente a lo largo de la estructura formal de la organización.

- La **descendente** fluye hacia abajo desde los superiores hace los empleados.

  Con ella se transmite **información** sobre objetivos, procedimientos de trabajo, normas, horarios, programas de formación, políticas de promoción, etc.

  Los medios que se suelen utilizar son: manuales de procedimientos, cartas, tablones de anuncios, cursos de formación, charlas, correo electrónico, etc.

- La **ascendente** fluye hacia arriba desde los empleados hacia los superiores.

  Se utiliza para informar a los superiores sobre los objetivos alcanzados y para transmitirles inquietudes, sugerencias o problemas laborales.

  Los medios que se suelen emplear son: buzones de quejas y sugerencias, encuestas y entrevistas personales.

La **horizontal** es la que fluye entre miembros de un mismo departamento, o de distinto pero del mismo nivel jerárquico.

Tiene como objeto la coordinación entre departamentos para la toma de decisiones conjuntas, el intercambio de información o la resolución de conflictos.

La **transversal, diagonal u oblicua** es la que fluye entre miembros de diferentes niveles jerárquicos sin relaciones directas de dependencia entre sí. Por ejemplo, entre el jefe del departamento de recursos humanos y un empleado del departamento de compras.

En la comunicación vertical predomina el intercambio de información de naturaleza formal, mientras que la horizontal y transversal tiende más a lo informal.

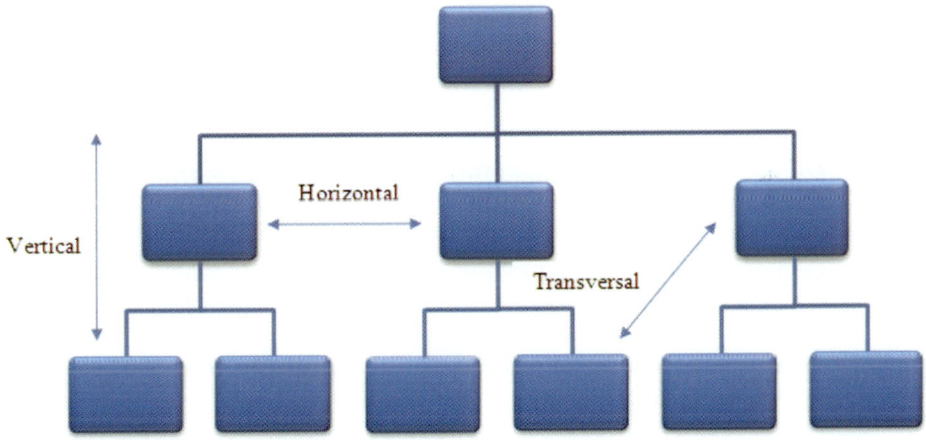

Figura 1.3. Tipos de comunicación interna.

1.3.4. Comunicaciones externas: entrada y salida

Desde hace ya mucho tiempo en los mercados no se vende lo que se produce sino que se produce lo que se vende. Y esto es así porque las empresas mantienen una comunicación permanente con su entorno lanzando mensajes para recibir respuestas que les orienten sobre cómo hacer las cosas para obtener unos mejores resultados económicos.

¿Qué comunicaciones salen?:

- Las dirigidas a consumidores potenciales mediante **encuestas** para conocer sus **hábitos de consumo**.
- Los **anuncios publicitarios**.
- Las **presentaciones de productos** a los distribuidores.
- Las destinadas a la **formación de los consumidores** en la utilización de los productos.
- Las **dirigidas a las entidades financieras** y a **inversores potenciales** para obtener financiación.
- Las que sirven para informan a las distintas **administraciones públicas**.

¿Qué comunicaciones entran? Las recibidas de:

- Las **encuestas de hábitos de consumo** cumplimentadas por clientes potenciales.
- Las **encuestas de satisfacción** de los clientes.
- Los **estudios de mercado** encargados a empresas especializadas.
- Las recibidas de entidades financieras informándonos sobre la **solvencia de otras empresas** con las que pensemos mantener relación.

1.3.5. Medios empleados en las comunicaciones empresariales

Junto a los más tradicionales, carta, teléfono, fax, prensa, etc., las organizaciones también utilizan lo que podríamos llamar medios "de última generación", que son los siguientes:

- **Correo electrónico:** con él se puede enviar, no solamente texto, sino todo tipo de documentos digitales. Su eficiencia, conveniencia y bajo coste están desplazando al correo ordinario para muchos usos habituales. Los mensajes se escriben, editan y almacenan con rapidez y se pueden enviar de forma simultánea a miles de personas a la vez. Además el coste de envío es mucho menor.
- **Mensajería instantánea:** Yahoo Messenger, Windows Live Messenger o Google Talk permiten enviar y recibir mensajes con otros usuarios **en tiempo real**. También se pueden enviar ficheros.
- **Redes sociales:** Las redes sociales integradas por grupos de personas conectadas entre sí, también se crean en torno a las relaciones comerciales. Así, por ejemplo, las redes sociales de compras son un lugar donde el usua-

rio puede consultar sus dudas sobre los productos en los que está interesado, leer opiniones y escribirlas, votar a sus productos favoritos, conocer gente con sus mismas aficiones y, por supuesto, comprar los productos. Esta tendencia también se conoce como Shopping 2.0.

Junto a las de carácter general como Facebook, o MySpace Google+, se encuentran las dirigidas a un público específico, como Linkedin (para profesionales) o MyCatSpace (para amantes de los gatos).

Algunas compañías como IBM o Microsoft, tienen sus propias redes sociales. Se llaman BluePages y Share Point respectivamente.

Por otra parte, Twitter es cada vez más utilizado por las empresas para mantener contactos rápidos e "informales" con su red de clientes complementando al correo electrónico como un medio alternativo de comunicación masiva, más informal y cercano.

- **Blogs (Web Logs)**: Se trata de sitios web de una sola persona o compañía que se actualizan periódicamente. Los de las empresas permiten que sus clientes publiquen en ellos comentarios sobre los productos de la empresa.
- **Videoconferencias**: Son reuniones interactivas sin que estén todas las personas físicamente presentes en el mismo sitio. Las realizadas a través de ordenadores se conocen con el nombre de e-meetings.
- **Intranet**: Son redes privadas de uso interno restringido a las personas de la organización. Permiten acceder a información corporativa de la empresa, bases de datos, rellenar formularios, etc., así como tener informados a los miembros de la organización en tiempo real y en formato electrónico aho rrando así el coste de la comunicación en papel.

1.3.6. Comunicaciones urgentes

Las comunicaciones urgentes son aquellas que transmiten informaciones en el menor tiempo posible. La transmisión se realiza a través de medios telefónicos e informáticos. Los más utilizados son:

- **Teléfono**: sigue siendo el medio más empleado en las comunicaciones urgentes habladas.
- **Fax**: se utiliza para enviar textos, dibujos y fotografías a través de la línea telefónica.
- **Burofax**: para envíos urgentes y bajo firma de documentos relevantes que tienen carácter de prueba frente a terceros (facturas, escrituras, letras de cambio, cheques, etc.).

- **Correo electrónico**: de cuyas características ya hemos hablado y que presenta además la ventaja de dejar evidencia de la comunicación realizada y del momento en el que se ha producido.

1.4. Los flujos de comunicación

Como hemos visto anteriormente, la comunicación fluye en las organizaciones en distintas direcciones (vertical, horizontal y transversal) y sentidos (ascendente y descendente).

Para las organizaciones resulta de vital importancia representar gráficamente estos flujos de comunicación. Para ello utilizan diagramas de flujo o **flujogramas**.

1.4.1. Diagramas de flujo

Los diagramas de flujo son representaciones gráficas que utilizan las empresas para describir sus procesos y procedimientos de trabajo. Utilizan símbolos que representan los flujos de comunicación entre las personas que intervienen en cada proceso o procedimiento.

1.4.2. Información gráfica

Los símbolos utilizados son:

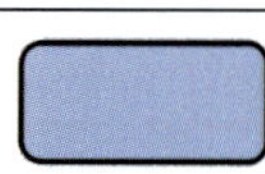	Inicio y fin
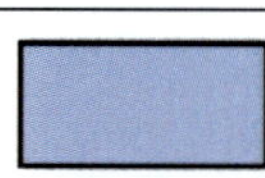	Proceso
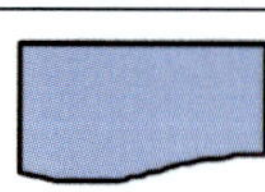	Documento
	Datos
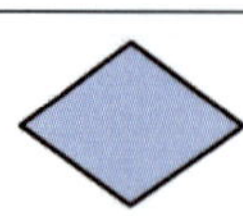	Decisión

Figura 1.4. Símbolos básicos de los flujogramas.

Como ejemplo vemos en la siguiente figura el flujograma correspondiente al Procedimiento de recepción de pedidos de clientes en una empresa.

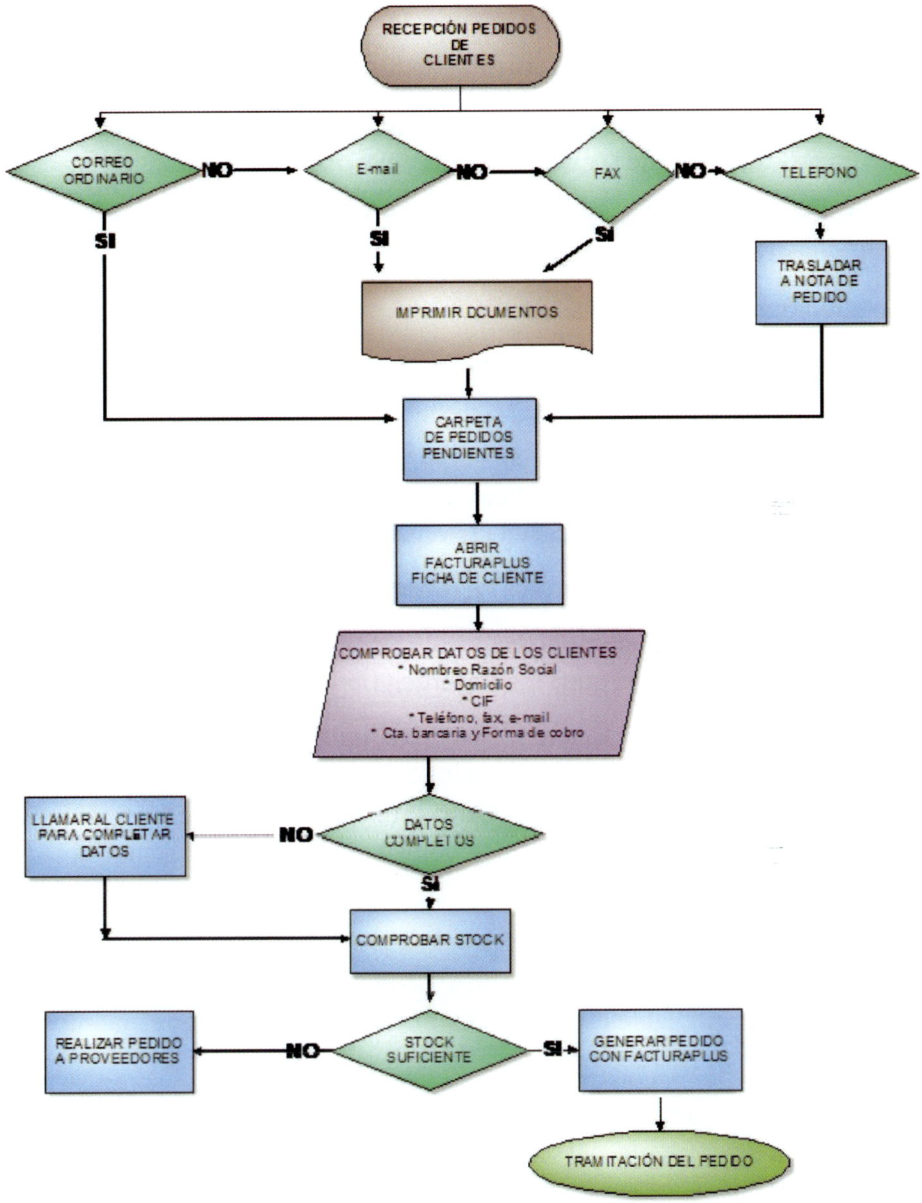

Figura 1.5. Flujograma del procedimiento de recepción de pedidos de clientes en una empresa.

1.5. Pautas de comunicación e imagen corporativa

Al hablar de la comunicación interna y externa de la empresa ya ha quedado claro lo importante que resultan ambas para que la organización alcance sus objetivos. Veamos entonces qué **pautas de comunicación** debe seguir toda organización.

A. En su comunicación interna:

- Motivar al equipo humano inculcando una verdadera **cultura corporativa** para que se sientan identificados y sean fieles a la organización. Está demostrado que los trabajadores rinden más si están bien informados acerca de los valores de la compañía, sus objetivos y estrategias.
- Favorecer el ***feed back*** **entre la dirección, los departamentos y sus trabajadores** para que el diálogo sea constante.

B. En su comunicación externa:

- Recibir **información** sobre los cambios de su **entorno** socio-político y económico para poder definir sus estrategias.
- Proyectar sobre él una **imagen corporativa**, es decir, una imagen acorde con lo que la compañía significa y el valor que representa, que le permita ser identificada, diferenciada y preferida. Para ello se debe:
  - — Seleccionar un **nombre** fácil de recordar.
  - — Crear su **identidad visual** fácilmente reconocible definiendo el conjunto de signos gráficos que la representen (logotipos, símbolos, colores...).
  - — Elaborar su **manual corporativo**: documento que incluye las normas para estampar las marcas y logotipos en los diferentes tipos de soportes de la compañía tanto internos como externos (sobres, facturas, albaranes, uniformes, vehículos, soportes publicitarios, etc.).

Ejercicios

1. Buscar en Internet la fábula de la ostra y el pez y en pequeños grupos (3 ó 4 personas) dialogar sobre la misma, identificando los diferentes elementos de comunicación que actúan como: CIERRAOSTRAS o ABREOSTRAS.
2. Elaborar un diagrama de flujo de una decisión de compra, teniendo en cuenta que la solicitud parte del personal del almacén, posteriormente se traslada al jefe de compras, y cuando este da el visto bueno se traslada al ayudante administrativo para que este último haga la petición al proveedor.
3. Identificar las barreras de la comunicación y haz un esquema de las mismas.

2. Pautas de comportamiento asertivo en situaciones de trabajo

Introducción

La asertividad es una habilidad social que consiste en expresar directa y abiertamente los pensamientos, sentimientos y creencias respetando, a la vez, los de las demás personas.

Lo ideal sería que todos nosotros actuásemos de forma asertiva, ya que entonces pocas veces tendríamos un conflicto o sentiríamos miedo de estar con los demás. Si nos centramos en el mundo laboral, la conducta asertiva trata de saber cuándo, dónde, cómo y por qué responder de forma afirmativa o negativa a determinadas situaciones.

Contenido

2.1. Estilos de respuesta en la interacción verbal: asertivo, agresivo, no asertivo

2.2. El comportamiento verbal

2.3. El comportamiento no verbal

2.4. Principales técnicas de asertividad

2.1. Estilos de respuesta en la interacción verbal: asertivo, agresivo, no asertivo

Una persona es asertiva cuando:

- Es expresiva, espontánea y segura.
- Tiene una personalidad activa.
- Defiende sus propios derechos.
- No presenta temores en su comportamiento.
- Posee una comunicación directa, adecuada, abierta y franca.
- Su comportamiento es respetable.
- Acepta sus limitaciones.
- Se comunica fácilmente con toda clase de personas.

El no ser asertivos presenta una serie de efectos, que mostramos en la siguiente figura:

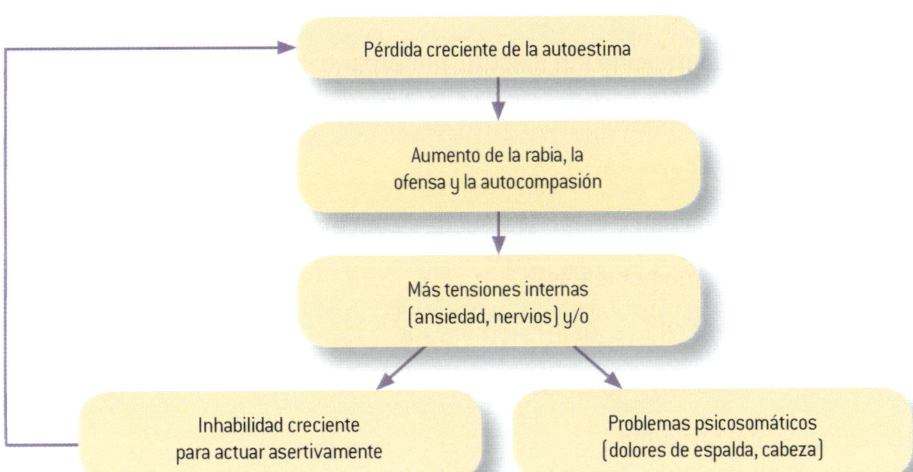

Figura 2.1. Efectos de no ser asertivos.

Frente a la asertividad nos podemos encontrar con otras dos conductas: **la agresiva** y **la pasiva** (o no asertiva).

- **Conducta pasiva o no asertiva.** No se es capaz de expresar abiertamente los sentimientos, pensamientos y opiniones, y si se hace es de una manera tan derrotista que los demás no pueden hacerte caso, pudiéndose experimentar consecuencias desfavorables como sentimientos de frustración, molestia o incluso ira.
- **Conducta agresiva.** Resulta de la defensa de los derechos personales y expresión de los pensamientos, sentimientos y opiniones de una manera inapropiada, transgrediendo los derechos de las demás personas, pudiendo ir desde los comentarios humillantes hasta las agresiones verbales directas (insultos y amenazas).

Ejemplos

Tus padres te piden que esta noche laves tú los platos, y se producen los siguientes diálogos:

Diálogo 1: Conducta Asertiva

- TÚ: Yo lo he hecho las dos últimas noches. ¿No le toca a mi hermano?
- PADRE: Creo que tienes razón. Pensaba que él los había lavado ayer por la noche.
- TÚ: No, lo hice yo. ¿Puedo salir ya?
- PADRE: Muy bien. Vete.

Has sido asertivo porque:

— Has explicado tu situación sin discutir, gimotear o siendo pasivo.

— No has sido irrespetuoso.

Diálogo 2: Conducta Agresiva

- TÚ: ¡No! ¡Yo no los voy a lavar! ¡Ya puedes buscarte a otro para que lo haga!
- PADRE: ¡A mí no me hables así!
- TÚ: ¡Ya está bien! ¡No es justo! Siempre me hacéis lavar los platos a mí.
- PADRE: ¡Deja de exagerar y lávalos!

Has sido agresivo porque:

— Fracasas al expresar tus motivos para no lavar los platos.

— No dejas que tus padres tengan la oportunidad de explicar su punto de vista y eres irrespetuoso.

— La respuesta no es muy efectiva porque de todas formas, al final, tienes que lavar los platos.

Diálogo 3: Conducta Pasiva

- TÚ: ¡Pues vaya, es que yo quería marcharme!
- PADRE: Antes vas a tener que lavar los platos.
- TÚ: Es que pensaba que no me tocaba a mí.
- PADRE: No te preocupes que acabas enseguida, y luego quizás salgas.

Has sido pasivo porque:

— No has dicho lo que realmente querías decir.

— Puede que después de lavar los platos, no salgas.

En la siguiente tabla se puede ver una comparación entre los tres tipos de conductas.

	CONDUCTA		
	Asertiva	**Pasiva**	**Agresiva**
Comportamiento Externo	• Habla fluida, con seguridad, sin bloqueos ni muletillas. • Contacto visual directo, no desafiante. • Relajación corporal, comodidad postural. • Expresión de sentimientos positivos y negativos. • Defensa sin agresión. • Capacidad de hablar de gustos propios e intereses. • Decir "no". • Saber aceptar errores.	• Volumen de voz bajo. • Habla poco fluida, bloqueos, tartamudeos, vacilaciones, silencios, muletillas. • Huida del contacto visual, mirada baja, cara tensa, dientes apretados, manos nerviosas... • Inseguridad para saber qué hacer y decir. • Frecuentes quejas a terceros "*X no me comprende*".	• Volumen de voz elevado. • Habla poco fluida, demasiado precipitada, habla tajante, con interrupciones. • Contacto visual retador, cara tensa, dientes apretados, manos tensas, postura que invade el espacio del otro. • Tendencia al contraataque.
Patrones de Pensamiento	• Conocen y creen en unos derechos para sí y para los demás. • Sus convicciones son en su mayoría racionales.	• Evitan molestar u ofender a los demás. Son personas sacrificadas. • "*Lo que yo sienta, piense o desee no importa. Importa lo que tú sientas, pienses, o desees*". • "*Es necesario ser querido y apreciado por todo el mundo*".	• "*Ahora solo yo importo. Lo que tú pienses o sientas no me interesa*". • Piensan que si no se comportan de esta forma, son excesivamente vulnerables. • Lo sitúan todo en términos de perder y ganar. • "*Hay gente mala y vil que merece ser castigada*".

	CONDUCTA		
	Asertiva	**Pasiva**	**Agresiva**
Sentimientos y Emociones	• Buena autoestima. • No se sienten superiores ni inferiores a los demás. • Respeto por uno mismo. • Sensación de control emocional.	• Impotencia, sentimientos de culpabilidad. • Baja autoestima. • Deshonestidad emocional. • Ansiedad. • Frustración.	• Ansiedad creciente. • Baja autoestima. • Honestidad emocional. • Soledad o sensación de incomprensión. • Culpa o frustración. • Sensación de falta de control.
Principales Consecuencias	• Frenan o desarman a la persona que les ataca. • Aclaran equívocos. • Los demás se sienten respetados y valorados. • La persona asertiva suele ser considerada buena, pero no tonta.	• Pérdida de la autoestima. • Pérdida del aprecio a las demás personas. • Falta de respeto de los demás.	• Rechazo o huida por parte de los demás. • Circulo vicioso, fuerzan a los demás a ser hostiles y así aumentan ellos su agresividad.

Figura 2.2. Comparación entre las tres conductas: asertiva, pasiva y agresiva.

2.2. El comportamiento verbal

El comportamiento verbal se caracteriza principalmente por la capacidad de diálogo que tenga una persona. Esta capacidad de diálogo se expresa mediante:

- El uso de palabras correctas.
- Expresadas con un tono adecuado.
- Dichas en el momento oportuno.

Hay que tener en cuenta que el tener habilidades de diálogo no solo se manifiesta en el comportamiento verbal, sino también en el no verbal. Tal y como explicaremos en el siguiente apartado, las conductas no verbales (mirada, gestos de la cara o de las manos, sonrisa, distancia...), también deberán ser usadas por las personas en sus comunicaciones.

Los **aspectos que caracterizan** las conductas verbales y que, por lo tanto, forman parte del comportamiento verbal, son los siguientes:

- Las palabras que se usan.
- El tono de voz utilizado.
- La fluidez y el ritmo de la conversación.
- La velocidad a la que se habla.

Teniendo en cuenta todo lo explicado hasta ahora, se habrá podido comprobar que el comportamiento verbal **no es una mera transmisión de mensajes**, sino que en él podemos encontrar una serie de valores. Debemos tener en cuenta que, en función de cómo se transmita el mensaje, se puede provocar discordia, afecto, odio o comprensión.

Pero, ¿qué diferencia existe entre el lenguaje y el comportamiento verbal? El lenguaje es aquella característica que la persona quiere y posee. Se dice que las palabras y las frases forman parte del lenguaje como instrumentos que se utilizan para expresar significados, pensamientos, proposiciones, necesidades y deseos, y que se encuentran en la mente del que habla. Por tanto, se puede decir que el lenguaje es el instrumento que utiliza el comportamiento verbal para expresarse.

2.3. El comportamiento no verbal

El comportamiento no verbal se aquel proceso de comunicación en el que enviamos o recibimos mensajes que no llevan palabras, ya que se utilizan signos, expresiones o movimientos del cuerpo.

Estos mensajes se transmiten a través de un **lenguaje corporal** constituido por los gestos, la postura, la expresión facial y el contacto visual. Pero para conocer el comportamiento no verbal, hay que conocer todas aquellas señales no verbales, y estas son:

- **Emblemas**. Son actos no verbales que no nos expresan un mensaje oral directo, pero que con ellos se pueden expresar palabras o frases. Se consideran emblemas: insultar con algún gesto, el estado físico o la emoción.
- **Ilustradores**. Son comportamientos ligados al mensaje oral que lo acompañan y que sirven para ilustrar lo que se está diciendo verbalmente. Algún ilustrador podría ser: algún tipo de gesto o un movimiento que enfatice la palabra o frase que se está diciendo.
- **Muestras de afecto**. Son expresiones faciales que indican estados afectivos. Como ya sabemos, la cara es la primera fuente de afecto, pero también el cuerpo expresa este tipo de sentimientos como, por ejemplo, un abrazo. Además, las muestras de afecto pueden aumentar o disminuir si las sumamos al comportamiento verbal.
- **Reguladores**. Son actos no verbales que indican a la persona que habla que continúe, repita o especifique más detalles, expresando con el comportamiento no verbal si interesa lo que está diciendo o si, por el contrario, se desea que termine. También están asociadas a esta característica conductas como el saludo o la despedida mediante la comunicación fácil. Los objetos

más comunes en estos casos son los movimientos de cabeza o el comportamiento visual.

- **Adaptadores**. Se trata de las conductas no verbales más difíciles de detectar. Son esfuerzos de adaptación para satisfacer necesidades, dominar emociones o desarrollar los contactos sociales.

Por último, es necesario tener muy en cuenta que observando el lenguaje corporal humano se puede comprobar que existe un sistema que nos mantiene ligados al lenguaje hablado. Los movimientos del cuerpo tienen una relación directa con el habla, ya que nos apoyamos en la expresión no verbal para comunicar nuestro mensaje oral.

2.4. Principales técnicas de asertividad

Las principales **técnicas** de asertividad son las siguientes:

Técnica	¿En qué consiste?	Ejemplo
Disco rayado	Esta estrategia consiste en repetir nuestra opinión hasta que el interlocutor se dé cuenta de nuestra forma de pensar, ceda o intente corregirse hasta un acuerdo común. Es importante tener varios puntos en cuenta: — Es especialmente útil cuando no se aprecia nuestra opinión. — Debemos realizar nuestras opiniones cuidadosamente. — No debemos ser demasiado agresivo.	• Jefe: Necesito que esta tarde realice un trabajo urgente. • Tú: Lo siento mucho, pero tengo una cita que me es imposible posponer. • Jefe: El trabajo debe estar terminado mañana, sino habrá problemas. • Tú: Entiendo que hay que realizarla cuanto antes, pero tengo una cita que me es imposible posponer. • Jefe: No tardarás más de unas horas. • Tú: Lo siento, precisamente hoy tengo una cita que no puedo posponer. • Jefe: Bueno, supongo que mañana por la mañana podrá dedicarle unas horas.
Banco de niebla	Esta técnica intenta demostrar al interlocutor que no pretendemos atacar su opinión. Reconocemos sus razones, pero no dejamos de intentar que entienda las nuestras.	• Jefe: Deberías elegir el primer proceso, daría mejores resultados. • Tú: El primer proceso es muy interesante, pero quizás sería más adecuado el segundo debido a su fiabilidad. • Jefe: El segundo proceso es demasiado caro. • Tú: Estoy de acuerdo en eso, sin embargo si el segundo proceso falla, habría que repetirlo y el gasto sería mayor que si partimos de una decisión segura y fiable. • Jefe: De acuerdo, usa el primer proceso.

Técnica	¿En qué consiste?	Ejemplo
Asertividad negativa	Se suele utilizar esta técnica cuando se realizan críticas directas sobre nuestra persona. Esta técnica se basa en responder lo contrario de lo que el interlocutor espera.	• Jefe: ¿Otra vez llegando tarde? ¡Siempre igual! • Tú: Sí, tienes razón, llego tarde. • Jefe: Deberías cambiar, eres una persona muy descuidada. • Tú: Sí, debería cambiar. • Jefe: Ponte a trabajar, no sigas perdiendo el tiempo. • Tú: De acuerdo, no perderé más el tiempo.
Interrogación negativa	Es útil para conocer algo de los sentimientos o ideas de los demás, facilitando la comunicación cuando la otra persona nos critica.	Ana estaba presente cuando el jefe de ventas le decía a su compañera Nuria que tenía que irse a Tenerife tres días para cerrar una venta muy importante. Ana está molesta porque piensa que es más veterana en la empresa y era ella quien se merecía ese viaje. Cuando se va el jefe, Ana le dice a Nuria: • Ana: Oye Nuria, soy yo la que está haciendo siempre el trabajo de las dos, y no es justo. • Nuria: Perdona Ana. ¿Qué quieres decir con eso de que siempre eres tú quien haces el trabajo? • Ana: Pues que siempre que puedes, evitas el trabajo, y no te das cuenta que soy yo la que lo hace. • Nuria: ¿Qué no me doy cuenta que me tú haces el trabajo? • Ana: Bueno... no sé si te das cuenta, pero el caso es que siempre soy yo la que paga el pato. • Nuria: ¿Qué quieres decir, Ana? (le dice mirándole pacíficamente a los ojos). • Ana: Pues que ese viaje a Tenerife que te ha dicho el jefe, creo que tendría que hacerlo yo porque soy más antigua en la empresa. • Nuria: Comprendo, Ana. Te agradezco que me lo hayas dicho, si te parece bien, hablaremos con nuestro jefe y se lo comentamos.
Compromiso viable	Consiste en que ambas partes ceden sin que se vean perjudicados sus derechos, para lo cual, llegan a una solución de compromiso.	En el ejemplo anterior, podría ser: • Nuria: Gracias por ser tan sincera conmigo. Si a nuestro jefe le parece bien, tú puedes ir a realizar esta visita y yo voy a la siguiente.

Técnica	¿En qué consiste?	Ejemplo
Ignorar la situación	Se aplica cuando vemos a nuestro interlocutor sulfurado e irracional y tememos que sus críticas terminen en insultos, sin llegar a tener la oportunidad de defendernos. Para evitar todo esto, desviamos la comunicación a otro tema.	Si seguimos en el ejemplo anterior: • Ana: Pues sigo pensando que es muy injusto, y no te mereces ir. • Nuria: Lo mejor sería dejar la conversación hasta que te calmes. Por cierto, ¿has llamado al cliente de Mallorca?

Figura 2.3. Técnicas de asertividad.

Ejemplo

Sospechas que una amiga ha cogido prestado uno de tus libros sin pedírtelo antes.

Diálogo 1:

- TÚ: ¡Caramba! Me gustaría encontrar mi libro de Reproducción y Archivo. Espero que nadie lo haya cogido.
- AMIGA: ¡Oh! Lo he cogido yo. Pensé que no te molestaría.
- TÚ: ¡Vaya! Pensaba que lo había perdido.
- AMIGA: No te preocupes, lo tengo yo.

Diálogo 2:

- TÚ: ¡Muy bien! ¡Te he cazado robándome el libro de Reproducción y Archivo!
- AMIGA: ¿Lo dices en serio? Solo lo he cogido prestado.
- TÚ: Seguro que sí (sarcásticamente) ¡Gracias por pedírmelo!
- AMIGA: ¡Toma! Quédate con tu viejo libro.

Diálogo 3:

- TÚ: Perdona, Leticia, ¿Has cogido mi libro de Reproducción y Archivo? No lo encuentro por ninguna parte.
- AMIGA: ¡Oh, sí! Espero que no te moleste, lo necesitaba para hacer un ejercicio.
- TÚ: De acuerdo, está bien que lo cojas prestado, pero, por favor, pídemelo antes. Así no creeré que lo he perdido.
- AMIGA: De acuerdo, es que tenía prisa.

¿Qué tipo de conducta se da en cada diálogo?

SOLUCIÓN:

Diálogo 1: Pasiva, porque no le has dicho que te ha molestado que cogiera el libro. Además, no te lo devuelve y sigues sin decir nada.

Diálogo 2: Agresiva, porque utilizas un lenguaje inadecuado y no expresas correctamente tus sentimientos.

Diálogo 3: Asertiva, porque le has dicho lo que querías decirle sin ser irrespetuosa y con las palabras correctas.

Ejercicios

1. A continuación te mostramos dos situaciones diferentes. Identifica en cada una de ellas el tipo de conducta que se da (asertiva, pasiva o agresiva).
   - Situación 1: Un cliente ha llegado una hora tarde a la reunión. No te ha llamado para avisarte que se retrasaría. Te sientes irritado por la tardanza y le dices:
     - Entra que vamos a empezar la reunión.
     - He estado esperando durante una hora. Me hubiera gustado que me hubieras avisado que llegabas tarde.
     - Me has puesto muy nervioso llegando tarde. Es la última vez que quedo contigo.
   - Situación 2: Un compañero de oficina te da constantemente su trabajo para que lo hagas, hasta que decides terminar con esta situación. Tu compañero acaba de pedirte que hagas algo de su trabajo y le contestas:
     - Estoy bastante ocupado. Pero si no consigues hacerlo, te puedo ayudar.
     - Olvídalo. Casi no queda tiempo para hacerlo. Me tratas como a un esclavo. Eres un desconsiderado.
     - No, no voy a hacer nada más de tu trabajo. Estoy cansado de hacer, además de mi trabajo, el tuyo.
2. Los alumnos deben escenificar dos situaciones. En ambas un alumno le cuenta a otro algo que ha vivido (en el último fin de semana, su último cumpleaños, el mejor fin de semana que recuerde...). El alumno que escucha lo va a realizar de dos maneras distintas:
   - La primera escucha según las siguientes indicaciones:
     - No le mira a la cara.
     - Mira el reloj con frecuencia.

- No se acerca, más bien se retira del que habla.
- Hace cosas que haría si alguien cuenta cosas que no interesan.
- Mira a su ropa, a su alrededor...
- No le pregunta nada.

• La segunda escucha según las siguientes indicaciones:

- Escucha con interés.
- Le mira a la cara, a los ojos.
- Hace gestos o ruiditos de aprobación, asiente con la cabeza. Mantiene una distancia que indica escucha.
- Hace alguna pregunta que aclare el relato y sus posibles dudas.

Cuando se termina, se analizan las escenas:

a) ¿Qué ha pasado en cada una de ellas?

b) ¿Qué viste en el que escuchaba?

c) ¿Qué diferencias significativas podemos decir de cada una?

d) ¿Cómo ha sido el contacto visual, las posiciones del cuerpo, la expresión facial o corporal, las expresiones verbales?

3. Los conflictos con personas internas o externas de la empresa

Introducción

Los conflictos surgen en cualquier ámbito en el que los seres humanos se relacionen. Esto es algo natural y deriva de que los individuos tienen visiones e intereses distintos. Sin embargo, **el conflicto puede ser una oportunidad para hacer las cosas mejor**.

Los conflictos se resuelven pasando primero por una **fase de negociación**, en la que las personas o grupos enfrentados tratan de acercar posiciones y buscar soluciones satisfactorias para todos.

Contenido

3.1. El conflicto en las relaciones de trabajo

3.1.1. Características de los conflictos

La palabra conflicto no goza de buena fama, ya que se piensa en ella en sentido negativo, como algo de lo que se debe huir.

El Diccionario de la Real Academia de la Lengua Española la define como: "***Apuro, situación desgraciada y de difícil salida***".

Sin embargo, las situaciones conflictivas guardan en su seno algo muy positivo: **suponen una oportunidad**.

Dos son las principales características que tienen los conflictos:

- **Son inherentes a las relaciones humanas**. Ser inherentes a las relaciones significa que siempre nos encontramos con conflictos en nuestra vida diaria, unos días más, otros menos; algún día ninguno y otro día muchos; unos grandes y otros pequeños.
- **Duran hasta que se solucionan**. No desaparecen; no se evaporan; aunque se nieguen, cuando existen se quedan con nosotros; se puede mirar para otro lado pero no se van; el tiempo sí influye en ellos pero no acaba de conseguir que se deshagan. La única forma de que desaparezcan es darles una salida, afrontarlos, hablarlos, solucionarlos, encontrar una manera de aprender algo de ellos. Entonces desaparecen, se disuelven silenciosamente.

3.1.2. Tipos de conflictos

Los tipos de conflicto están ligados a la causa por la que surgen, pudiéndose **clasificar** en:

Tipo		Causa
En función de su origen	Intrapersonales	Conflictos de la propia persona, generalmente debidos por falta de motivación.
	Interpersonales	Entre dos o más personas.
	Intragrupales	Entre los miembros de un grupo.
	Intergrupales	Entre distintos grupos.
	Interorganizacionales	Entre miembros de varias organizaciones.
En función de su manifestación	Manifiestos	Se evidencian a través de reivindicaciones, protestas...
	Latentes	No se manifiestan aunque existen y, a veces, se niega su existencia.

Tipo		Causa
En función de los medios utilizados	Pacíficos	Las reivindicaciones se realizan a través de cauces legales.
	Violentos	Se utiliza la agresión contra las personas o las cosas.
En función del ámbito donde se produzcan	Internos	Entre el personal de una organización.
	Externos	Entre personas que no pertenecen a la organización o, que perteneciendo, forman parte de su vida personal.
En función de los intereses en conflicto	Normativos	Son los producidos por diferentes interpretaciones en materia de normativa laboral.
	Económicos	Debidos a intereses económicos opuestos.

Figura 3.1. Tipos de conflictos.

3.2. Tratamiento de los conflictos

Antes de comenzar con el desarrollo de este epígrafe es conveniente que conozcamos cuáles son las cinco etapas de un conflicto organizacional:

1. **Situación de partida**. Conjunto de circunstancias personales y ambientales que pueden originar conflictos: el clima de la organización, la escasez de recursos, el tamaño de la organización, su sistema de comunicación, el estilo de liderazgo o la heterogeneidad de sus miembros.

2. **Bloqueo**. Los intereses opuestos de las partes se obstaculizan entre sí y hacen imposible que cada una consiga lo que desea.

3. **Aceptación del conflicto**. Ante la percepción del bloqueo por las partes, estas toman conciencia de que se encuentran inmersas en un conflicto. En un primer momento aparecen sensaciones de impotencia y rabia, incluso de agresividad hacia la parte contraria.

4. **Reflexión sobre las posiciones de las partes, sus intereses y las posibles alternativas**. Tras la confusión inicial, se deja paso a una etapa de clarificación de las posiciones de las partes y de sus intereses. Es necesaria para buscar soluciones que puedan satisfacer a ambas y poner fin al conflicto.

5. **Negociación**. Si las partes tienen voluntad de solucionar el conflicto, se abre una nueva etapa: **el proceso de negociación**.

3.2.1. Identificación del conflicto

Para identificar si en una organización existe un conflicto, deberemos observar las siguientes **variables**:

- Hay dificultades al comenzar o para terminar proyectos complejos (al implementar nueva tecnología, por ejemplo).
- Demanda declinante de los productos o servicios, insatisfacción de los clientes, ingresos decrecientes, críticas de grupos externos, etc.
- Mucha rotación de empleados, mucho stress, alta proporción de empleados con problemas de salud, moral baja, trabajo de baja calidad, descuido o maltrato del equipamiento...
- Hostilidad y aislamiento entre personas; errores de comunicación y malos entendidos constantes.
- Si hay tareas a ser realizadas por equipos compuestos, el flujo del trabajo se interrumpe, las tareas se caen, y hay frecuentes demoras y crisis, bloqueos y prohibiciones, e innecesaria duplicación de funciones y tareas.
- Ineficiencia, falta de productividad, que resulta en oportunidades perdidas (contratos, ideas nuevas, nuevos mercados).
- Inhabilidad de percibir o reaccionar ante amenazas y desafíos del medio externo (nuevas regulaciones del Gobierno, condiciones del mercado o desafíos tecnológicos).
- Competición desmedida entre sectores internos, construcción de imperios personales y promoción de lealtades a personas y no al proyecto común.
- Sabotajes de las tareas de los otros, o del equipamiento o de los circuitos de información. Se manifiesta como restricción de la información a compartir.
- Baja moral, que resulta de negar la existencia del conflicto, sin corregir sus causas.

3.2.2. Causas y consecuencias de los conflictos

Las causas que determinan o provocan un conflicto encontramos las siguientes:

- **Conflictos de relación y comunicación**. Se deben a fuertes emociones negativas, a percepciones falsas o estereotipos, o a la escasa falta comunicación entre las partes. Conducen a una espiral de escalada progresiva del conflicto destructivo.

- **Conflictos de información**. Se deben a la falta de información necesaria para tomar las decisiones adecuadas por lo que se interpreta de manera diferente la situación o no se le asume el mismo grado de importancia.
- **Conflictos de intereses**. Se deben a la competición entre necesidades no compatibles o percibidas como tales. También puede ser de tipo psicológico y comportan percepciones de desconfianza, juego sucio, intolerancia, etc.
- **Conflicto de valores**. Se deben a los diferentes criterios de evaluación de ideas, creencias o comportamiento que se perciben como incompatibles. El conflicto estalla cuando estos valores se intentan imponer por la fuerza a la otra parte que los percibe como negativos, no importante o no propios para una persona en la cual se encuentra involucrada en cierto problema.
- **Conflictos de roles**. De poder, de autoridad y de acceso a los recursos. Se deben a pautas destructivas de comportamiento, de desigualdad del control o distribución de recursos, de desigualdad de poder y autoridad, de restricciones del tiempo, etc.

Tradicionalmente, el análisis de las **consecuencias** ocasionadas por un conflicto ha sido llevado persistentemente al terreno de lo que cuesta su resolución exclusivamente por vías de carácter judicial.

Sin embargo, los conflictos que llegan a ser ventilados ante los jueces son solo una mínima parte de la totalidad de los que existen dentro de las organizaciones y, de manera consecuente, su coste es poco representativo frente al coste derivado de la desatención de otra serie de conflictos que afectan a las organizaciones. El conflicto, por sí solo, no representa un problema; **el problema realmente se presenta debido a la no resolución de los conflictos**.

Las consecuencias de la no resolución de conflictos van desde la reposición de productos que no satisfacen al cliente, el tiempo perdido, el deterioro de las relaciones y la pérdida de futuros negocios, llegando incluso hasta la posibilidad de presentar demandas por incumplimiento contractual.

3.2.3. Conflictos relacionados con la tarea

Son aquellos que surgen por **desacuerdos en cuanto a la distribución de las tareas**, ya que los procedimientos para realizarlas pueden originar opiniones enfrentadas. Estos conflictos, en general, se consideran constructivos, ya que mejoran la calidad de las decisiones, además de estimular la creatividad y la innovación, aumentan el interés y nos aportan un medio de disminuir tensiones y de mejorar el entorno.

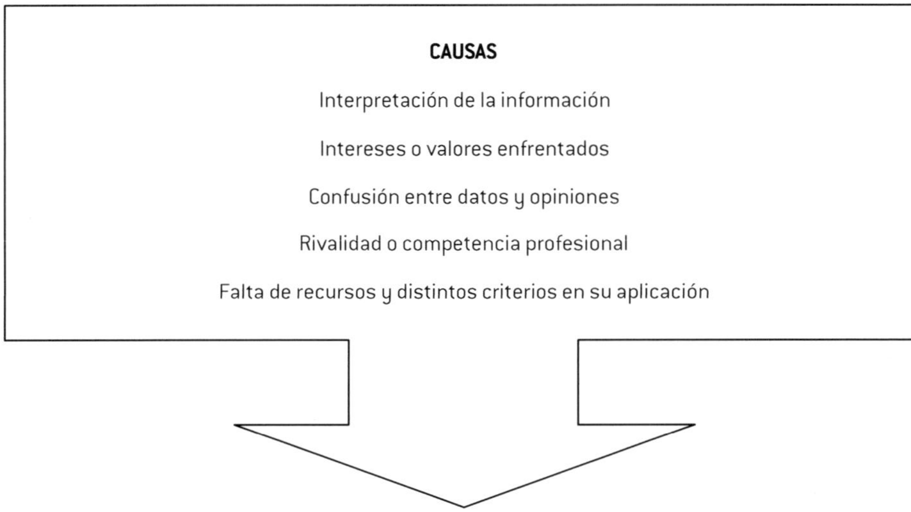

De forma esquemática se podría representar así:

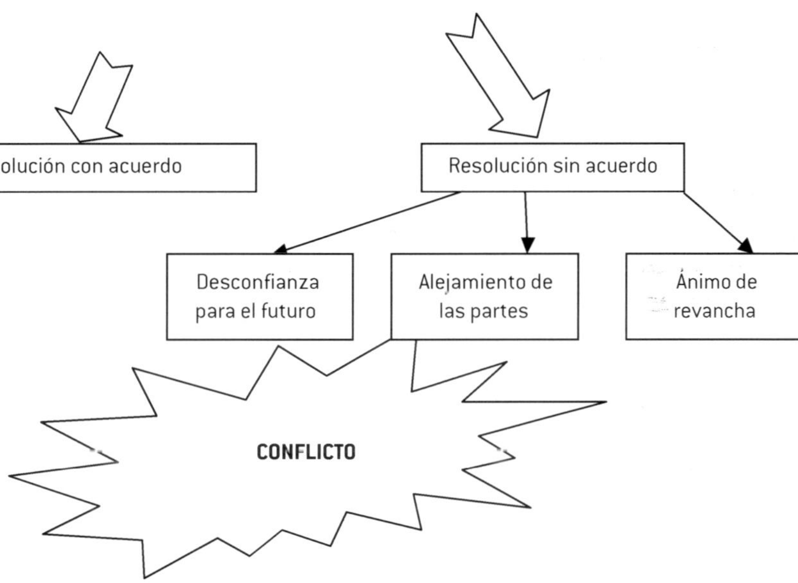

Figura 3.2. Conflictos relacionados con la tarea.

3.2.4. Conflictos relacionados con las relaciones interpersonales

Son aquellos que pueden surgir con otras personas por:

- **Incapacidad empática**. Son los más habituales. Las personas interactúan unas con otras y, gracias a esta interacción, se produce una conversación agradable, las personas simpatizan unas con otras y se ponen en el lugar del otro fácilmente. A esto se le denomina inteligencia empática.

Sin embargo, en ocasiones nos podemos encontrar con casos de personas que atienden directamente al público y que no tienen esa capacidad de empatía con la persona que viene del exterior. Son actitudes ajenas a los sentimientos y que se deben, normalmente, a la monotonía del trabajo.

Otro caso es el de las personas que no saben ponerse en el lugar de los demás, ya que solo se ven a sí mismas. Únicamente realizan acciones que les incumban a ellas mismas y se muestran frías e incómodas con las emociones empáticas.

- **Falta de inteligencia emocional**. Son aquellos conflictos que aparecen cuando una de las dos partes es reticente a expresar sus sentimientos. Estos conflictos suelen darse en profesiones en las que se tiene un contacto directo con los sentimientos o emociones de la otra persona.
- **Falta de habilidades sociales**. Se suele dar en personas tímidas, ya que estas se suelen aislar del resto del grupo y cortar relaciones debido a la falta de práctica en las relaciones sociales. Desarrollar las habilidades sociales es una tarea difícil y más aún para alguien tímido. Comentarlas puede ser una solución para este tipo de conflictos.

3.2.5. Comportamientos y señales básicas: estrategias de negociación

Una estrategia es un **conjunto de decisiones** tomadas para diseñar un plan de acción conducente a la consecución de un determinado objetivo.

Por ejemplo, en un partido de baloncesto el objetivo es ganar al contrario. El entrenador debe adoptar una estrategia, por ejemplo, defensiva. Será un plan basado en una serie de decisiones sobre cómo debe discurrir el partido.

En toda negociación existen **cuatro** posibles estrategias:

1. **Yo gano, tú pierdes**. Tiene como objetivo satisfacer los intereses propios en detrimento de los ajenos. Se ataca a la parte contraria, ya que se le considera como un rival.

   Es la estrategia del individuo agresivo, interesado en llegar a soluciones que lo beneficien únicamente a él.

2. **Yo pierdo, tú ganas**. Supone poner fin al conflicto aceptando cualquier condición impuesta por la otra parte, aunque sea perjudicial para los propios intereses.

Es la posición natural de un individuo pasivo, que deja pisotear sus derechos, prefiriendo cualquier resultado a la confrontación.

3. **Yo pierdo, tú pierdes**. Más que una estrategia, suele ser el resultado de una mala negociación. Las partes no han sabido encontrar soluciones aptas para todos.

   Es el resultado habitual si las dos partes afrontan la negociación desde la perspectiva "yo gano, tú pierdes".

4. **Yo gano, tú ganas**. Esta es la más recomendable, y consiste en buscar alternativas que supongan beneficios para todos.

   Es la estrategia natural del individuo asertivo; este es capaz de defender sus derechos y luchar por ellos, pero también es empático. Por eso, buscará alguna solución que suponga un provecho para todos los implicados.

3.2.6. Pautas de actuación personal como forma de solución: el diálogo

El diálogo es una modalidad del discurso oral en la que se comunican dos o más personas en un intercambio de ideas.

Las **características** básicas del diálogo oral son las siguientes:

- Las personas que hablan se llaman interlocutores.
- Es muy expresivo, puesto que intervienen los gestos, la entonación y la actitud.
- Es espontáneo y se utilizan frases cortas y simples.
- Suele tener errores y frases sin terminar.

Para llevar a cabo un buen diálogo hay que:

- Respetar al que habla.
- Hablar en tono adecuado.
- No hablar todos a la vez.
- Saber escuchar antes de responder.
- Pensar en lo que dicen los demás.
- Admitir las opiniones de los demás.

3.2.7. El conflicto como oportunidad de cambio

En un conflicto siempre hay contradicción entre dos o más partes. Estas dependen entre sí y tienen ideas o intereses contrarios. No pueden seguir colaborando porque se produce un bloqueo y, para salir de él, deben **cooperar y buscar alternativas**.

El conflicto es una ocasión que puede ser aprovechada para buscar nuevos caminos que permitan seguir colaborando juntos. Por ejemplo, el movimiento obrero y las luchas sindicales que se sucedieron a lo largo del siglo XIX son antecesores de lo que hoy en día es el Derecho Laboral, que recoge la protección de los derechos de los trabajadores.

La solución de un conflicto supone buscar y acordar una vía que satisfaga las necesidades de las partes con intereses opuestos, para que puedan seguir trabajando juntas.

Ejercicios

1. Andrés es el jefe de un grupo de trabajadores dedicados a la investigación de un nuevo motor para coches, pero se encuentran con un problema. El presupuesto necesario para realizar la última fase de la investigación es de 220.000 €, pero el departamento financiero de la empresa solo está dispuesto a asignarle 150.000 €.

   El grupo solicita una reunión con el director del departamento financiero. Pedro, para intentar llegar a una solución buena para todos, accede a escuchar activamente la exposición de Andrés y cuáles son las sugerencias que aportan para solucionar el problema.

   Andrés sabe que el desarrollo de esta reunión es fundamental para hallar una solución que permita que ambas partes estén satisfechas.

   A la vista de esta situación, contesta a las siguientes preguntas:

   - ¿Qué tipo de conflicto se da?
   - ¿Quiénes son las partes?
   - ¿Cuáles son sus intereses?
   - ¿Por qué etapas ha pasado el conflicto?
   - ¿Qué soluciones darías para intentar salvar los obstáculos que hay en el proceso?

2. A continuación tienes una serie de frases que denotan negatividad. Transfórmalas para que sean asertivas y facilitadoras de la negociación.

   - Al comienzo de una reunión de negociación, una de las partes dice: "¡Con vosotros no hay quién se ponga de acuerdo!"

- En el puesto de trabajo, un empleado le dice a otro: "Te estás metiendo donde no te corresponde".
- "La decisión de la dirección de la empresa es firme".
- Al comienzo de una reunión de negociación para llegar a un acuerdo con otra empresa, dice una de las partes: "Nuestra empresa se está planteando romper las relaciones con vuestra firma, y eso hará peligrar la subvención...".

Soluciones de las actividades propuestas

Actividad propuesta 1.1

Respuesta sugerida:

Elementos Cierraostras:

- Objetivos contradictorios.
- Estados emocionales que perturban la comunicación.
- Acusaciones, amenazas...
- Cortes de conversación.
- Ignorar mensajes importantes del interlocutor.
- Juzgar los mensajes del interlocutor.
- No escuchar.

Elementos Abreostras:

- Estados emocionales facilitadores.
- Escuchar activamente.
- Empatizar.
- Hacer preguntas abiertas o específicas.
- Petición de parecer ("¿qué se te ocurre que podríamos hacer?", "me gustaría conocer tu opinión sobre...", etc.).
- Declaración de deseos, opiniones y sentimientos son "mensajes Yo". ("me gustaría", "deseo", "no deseo que...", "me siento...").

Actividad propuesta 1.3

- **Barreras ambientales**. Proviene del ambiente, pudiendo ser tanto físicas, como los ruidos, como visuales, como una incomodidad física que impida que el mensaje se transmita adecuadamente.
- **Barreras verbales**. Provienen de los emisores o de los receptores del mensaje.
- **Barreras interpersonales**. Cada una de las personas que recibe un mensaje realiza una adscripción de significado de lo que se encuentra oyendo y esto depende mucho de la posición subjetiva del oyente sobre el mensaje.

Actividad propuesta 2.1

- Situación 1: Un cliente ha llegado una hora tarde a la reunión. No te ha llamado para avisarte que se retrasaría. Te sientes irritado por la tardanza y le dices:
  - Entra que vamos a empezar la reunión. **CONDUCTA PASIVA.**
  - He estado esperando durante una hora. Me hubiera gustado que me hubieras avisado que llegabas tarde. **CONDUCTA ASERTIVA.**
  - Me has puesto muy nervioso llegando tarde. Es la última vez que quedo contigo. **CONDUCTA AGRESIVA.**
- Situación 2: Un compañero de oficina te da constantemente su trabajo para que lo hagas, hasta que decides terminar con esta situación. Tu compañero acaba de pedirte que hagas algo de su trabajo y le contestas:
  - Estoy bastante ocupado. Pero si no consigues hacerlo, te puedo ayudar. **CONDUCTA PASIVA.**
  - Olvídalo. Casi no queda tiempo para hacerlo. Me tratas como a un esclavo. Eres un desconsiderado. **CONDUCTA AGRESIVA.**
  - No, no voy a hacer nada más de tu trabajo. Estoy cansado de hacer, además de mi trabajo, el tuyo. **CONDUCTA ASERTIVA.**

Actividad propuesta 2.2

Respuesta sugerida: Se prestará especial atención a la forma de comunicación, si se interrumpen, posturas...

Actividad propuesta 3.1

Respuesta sugerida:

1. Se trata de un conflicto laboral, en el que un grupo de trabajadores quiere dinero para llevar a cabo un proyecto y el departamento financiero de la empresa no le da todo lo que necesitan.
2. Por un lado está el grupo de trabajadores que se dedica a la investigación de un nuevo motor y, por otro lado, el director del departamento financiero de la empresa.
3. El grupo de trabajadores necesita 220.000 € para poder llevar a cabo el proyecto, y el departamento financiero solo está dispuesto a dar 150.000 €.

4. Situación de partida, bloqueo y aceptación del conflicto.
5. Como jefe del grupo de trabajo llevaría un dossier, lo más detallado posible, en el que le mostraría la director financiero los beneficios que reportaría a la empresa la inversión que se está solicitando. Además, si el motor es novedoso, le explicaría lo beneficioso que sería para la imagen de la empresa el desarrollo de este nuevo motor, poniéndonos a la vanguardia y por delante de todos nuestros competidores.

   También intentaría ajustar algo el dinero que se necesita.

Actividad propuesta 3.2

Respuesta sugerida:

— No dudo que es difícil llegar a un acuerdo, tenemos puntos de vista divergentes sobre el asunto, pero os confieso que si he venido hoy aquí a sentarme con vosotros es porque estoy convencido de que sois personas con las que uno puedo entenderse. Quizás si exponemos cada uno lo que nos preocupa de verdad y nos escuchamos con atención, podamos avanzar.

— Te agradezco que me des tú opinión sobre el asunto, pero considero que es mejor que sea yo el que me ocupe de ello.

— Desde la Dirección de la empresa estamos convencidos que vuestro punto de vista está apoyado en razones importantes, pero debéis ser conscientes que no podemos hacer más concesiones porque de otra forma los gastos se incrementarían considerablemente.

— La relación entre nuestras dos empresas es muy buena, y hemos realizado negocios muy buenos juntos, por lo que sería recomendable estudiar de nuevo la propuesta que estamos haciendo para ver si podemos llegar a una solución satisfactoria para las dos partes, y así poder daros la subvención.